Masal Seramik Evi Yayınları
Sihirli Benekler
Yazan: Hatice Boşça
Kitap Editörü: Hatice Boşça
Resimleyen: Pınar Bingül Göksun
Kapak Tasarım - Resim Düzenleme: Özge Tişkaya
Grafik Uygulama: Özge Tişkaya

Baskı: Klas Ofset ve Tasarım Sanayi ve Ticaret Limited Şirketi
İkitelli Organize Sanayi Bölgesi Giyim ve Sanatkarları Kooperatifi
2. Ada C Blok Kat: 2 No: 224 Başakşehir - İstanbul
Tel: 0 212 430 80 66
Sertifika No: 24395

1. Basım: 2019
ISBN: 978-605-81252-3-0
Emine Çepniler
Masal Seramik Evi Yayınları
Sertifika No: 41765

Emine Çepniler - Masal Seramik Evi Yayınları
Uğurmumcu Mah. Akşemsettin Cad. Öz Işık Sit. B Blok Kartal - İstanbul
Tel: 0 216 969 15 20
mseyayinlari@gmail.com
mseyayinlari

Elinizde tuttuğunuz bu kitap bir ineğin kaybolan beneklerini bulma yolculuğunu anlatmaktadır. Bakmasını bildiğimizde yolculuk hep içimize doğru, bizde var olanı bulmak içindir. Sihirli Benekler; ona dokunan ellere, onu okuyan dillere, ulaştığı gönüllere kendi kalplerinin hazinelerini buldursun dileğimle.

Hatice Boşça

Okur, Gezer, Sever, Anlatır, Yazar Anne

SİHİRLİ BENEKLER

HATİCE BOŞÇA'dan

Beren'e kucak dolusu sevgilerimle...

27.12.2019

Kuzularım Ali Berat ve Dalya'ya,

bir de hiç büyümeyen içimdeki muzip çocuğa...

Benekli inek kocaman bir çiftlikte hayvan arkadaşlarıyla birlikte yaşıyordu. Çilli horozun sesiyle gerinerek uyandı. Hemen yanındaki beyaz ata ve kıvırcık koyuna, "Günaydın" dedi.

Arkadaşları ona garip garip bakıyorlardı.
"Ne oldu? Neden bana öyle bakıyorsunuz?"
diye sordu.

"Beneklerin...

Beneklerin yok üzerinde!"
dedi beyaz at.

mööö
mööööö

Benekli inek, koşarak dere kenarına gitti.
Sudaki yansımasına bakarak çığlık attı.

"**Möööö!** Beneklerim nerede?"

Kıvırcık koyun hemen imdadına yetişti.
"Üzülme benekli, nereye gittilerse arayıp bulururuz beneklerini. Bak benim pusulam da var."

Ve hemen çiftlikte aramaya koyuldular.
"Şu çalıların arkasında benekler görüyorum."
dedi kıvırcık koyun. Koşarak çalılara gittiler.

Ama gördükleri benekler tavşana aitti.
Durumu öğrenen tavşan da büyüteciyle birlikte onlara arama işinde yardım etmek istedi.

Hep birlikte çiftlikten çıkarak, ormana doğru ilerlediler. Ormandaki ağaçların arkasında benekler görünüyordu. Yaklaştıklarında bunların da leopara ait olduğunu gördüler.

İnek ağlamaya başladı. "Beneklerimi asla bulamayacağım!"

Leopar onu teselli etti.
"Üzülme, beneklerini mutlaka bulacağız. Bak hem benim dürbünüm var. En uzaktaki şeyleri bile görebiliyorum. Çabucak beneklerini de bulurum."

Leoparın da katılımıyla benek arama ekibi çöle doğru yola çıktı.

“Aaaa!

Kaktüslerin arkasında benekler görüyorum.” dedi leopar.

Kaktüs kıpırdadı ve
benekli bir kertenkele,
"Merhaba" dedi.
"Ne arıyordunuz?"

İnek üzgün bir sesle,
"Beneklerimi kaybettim.
Çiftlikte ve ormanda yoktu,
sanırım çölde de yok." dedi.

Kertenkele heyecanla,
"Denize bakmaya ne
dersiniz?" dedi. "Hem benim
haritam var. Haritama bakarak
denizin yerini kolayca bulabiliriz.
Evet evet beneklerin kesin
denizdedir." dedi leopar.

Kertenkelenin de katılmasıyla benek arama
ekibi denize doğru yola çıktı.
Denize vardıklarında,
"İşte beneklerim!" diye kendini suya attı inek.

Denizin içinden,
“Siz de kimsiniz?” diye benekli balinanın sesi duyuldu.
“Şey” dedi inek. “Beneğimi kaybettim de, arkadaşlarla birlikte onu arıyoruz.”

"Beneklerin üzerinde ya!"
diyerek homurdandı benekli balina.

“Aaaa evet, beneklerini bulduk.” dedi beyaz at, kıvırcık koyun, tavşan, leopar ve kertenkele.

“Beyaz bir boya akıyor sanki üzerinden.” dedi kıvırcık koyun ineğe.

“Aaaa tabii ya dün çiftlik beyaza boyanmıştı.” dedi beyaz at.

“Şimdi anladım. Beyaz boyalar siyah beneklerimi kapatmış!” diye sevinçle çığlık attı, beneklerine kavuşan inek.

“Beneklerim de geldiğine göre çiftliğe dönüp benekli hayvanlar partisi yapmaya ne dersiniz?”

"Yaşasın!!!"

diyerek hep birlikte çiftliğin yolunu tuttular.